claus and the scorpion

claus and the scorpion
lara dopazo ruibal
translated by laura cesarco eglin

co·im·press

normal, illinois

claus o e alacrán Copyright © 2018 by Lara Dopazo Ruibal
Translation and Translator's Note Copyright © 2022 by Laura Cesarco Eglin

Published by co•im•press
Normal, Illinois
www.coimpress.com
co•im•press is a recognized 501(c)(3) nonprofit literary organization.

Printed in the USA by Bookmobile

Distributed to the trade by Small Press Distribution
1341 Seventh Street, Berkeley, CA 94710
www.spdbooks.org

Cover and Book Design by co•im•press
Production Assistant: Emily Fontenot

The cover image *hello* by Steve Lodefink is licensed under CC BY2.0.

First Edition 2022

ISBN: 978-1-947918-07-8

This book was supported by a grant from Acción Cultural Española (AC/E).

AC/E
ACCIÓN CULTURAL
ESPAÑOLA

table of contents

translator's note   vii

lara   10 | lara   11
o alacrán   54 | the scorpion   55
claus   70 | claus   71

notes   121
acknowledgments   122
about the author   123
about the translator   124

translator's note

There was a wonderful poetry bookstore in Santiago de Compostela, Galicia, called Chan da Pólvora. My friend Laura Lesta García would always go there in the summers and ask for a book recommendation for me. Those books were the best birthday gifts I received. In 2018 Laura gave me *claus e o alacrán* by Lara Dopazo Ruibal.

Immediately after I finished reading the book I called my friend and said that I had loved it and wanted (and needed) to translate it. She told me to write to Lara Dopazo Ruibal. She said it as if that were easy. She said it with so much belief in my project and in me as a translator that I wrote to Lara that day. That's how this wonderful journey began.

claus e o alacrán (*claus and the scorpion*) is Lara Dopazo Ruibal's third poetry collection, which won the 2017 Fiz Vergara Vilariño award, one of the most prestigious poetry competitions in the Galician language. In 2018 it was published by Espiral Maior publishing house.

Dopazo Ruibal writes in Galician, a non-hegemonic language. Within Spain, Galician, together with Catalan, Basque, Asturian, and Aranese, is relegated to the margins. This responds to political moves of supremacy experienced during the Franco dictatorship, when all languages and cultures in Spain, except Spanish, were prohibited. This hierarchy, with regards to cultures and languages, is, unfortunately, still prevalent in Spain. As a consequence, you will not hear Galician everywhere in Galicia.

Going to Galicia in 2019 was crucial for me to be able to finish the translation of this book. I needed to go there to keep Galicia in the translation. Even so, Galicia appears in the background of *claus and the scorpion*.

That is, the book does not center rural Galicia, the family, the village as a lost place with cows and hórreos. Galicia, though, is all over the book—in the roots of the speakers, and the yearning for a return to what is no longer possible, and yet, what is the only possibility.

Being in Galicia, for example, helped me understand the concept of *casa matriz*, which Lara had explained to me. *Casa matriz* is the family home, literally and symbolically. It is *the* home, the roots and, also, the main place, the center of family and socio-cultural life. It is no coincidence that the word *matriz* can be translated as *womb*, for in many places in Galicia, the *casa matriz* was inherited by the daughter who would take care of the parents—so it was a matrilineal inheritance. In Lara's words: "The *casa matriz* is the place where one returns to, the place of calm and safety." In *claus and the scorpion* I translated this paramount concept as *safe haven*.

Lara Dopazo Ruibal's *claus and the scorpion* looks into the complexities of living in this world and the dynamics between three characters—claus, lara, and the scorpion—which are generated because and in spite of these complexities. The book describes a world full of violence and pain—a world that demands learning to navigate the helplessness and precariousness. The book speaks of the individual conflict of each one with themselves, but also of external violence: of how power is exercised, of vital vulnerability, of having nowhere to take refuge. It's impossible to stop or show weakness. *claus and the scorpion* raises the questions: Who do we become and how do we contend with violence and pain? And how do we draw strength from vulnerability?

The internalized and external violence in *claus and the scorpion* echoes the Western world's capitalism and patriarchy, with their forceful, omnipresent repression, as well as internalized violence, oppression, and inequities. It's an environment where a fine line exists between the attacked and the aggressor. The precarity of this state creates a refuge for violence where everything explodes or is about to break.

Parallel to the world as we know it breaking and falling apart, love appears, like a revolutionary act: not wanting to lose parents, imagining amador guadalupe, etc. Language reveals itself as an antidote. But nothing is enough in this downward spiral of internal and external violence because there is no dealing with it, no accepting of the internal parts that one doesn't like, etc.

claus and the scorpion is very relevant, for it encourages us to reflect on what kind of world we are looking for, what we want or are willing to lose or leave behind. The book oscillates between poems that are longer, more intense, like whirlwinds where one cannot tread lightly and cannot pause. And then there are short poems that are like a pause, although not a quiet pause. The *casa matriz* (safe haven) appears in the short poems, as the space where one can breathe, the place of shelter, like a womb, which, at the same time, is fragile and in danger.

claus and the scorpion

o mar está en calma aínda que é inverno
aínda que hai temporal, o mar está en calma

fixo a vista e podo ver os gravados
nos muros de pedra
invisibles no pasar dos dedos

diante de min
un desfile de corpos que non me interesa

perdo volume co pasar dos días
perdo aire
pero o mar está en calma e só por iso, respiro

eu podo ser a seguinte. podo
perdelo todo sen apostar
e que iso explique o zunido nos oídos
a cópula frenética dos insectos antes de morrer
as pingueiras enriba da cama, que cruzan de auga
as paredes da casa

vén jacob coas súas trece tribos
apúntame cun cetro
di: por que non es feliz se eu si son feliz?
eu dígolle:
marcha. non quero lembrar o teu nome

the sea is calm even if it's winter
even if there's a storm, the sea is calm

i focus my gaze and i can see the engravings
on the stone walls
invisible to the passing of fingers

before me
a parade of bodies i'm not interested in

i lose volume with each passing day
i lose air
but the sea is calm and just for that, i breathe

i can be the next one. i can
lose it all without betting
and let that explain the buzzing in my ears
the frenzied copulation of the insects before dying
the leaks over the bed that cross the house's
walls with water

jacob comes with his thirteen tribes
points at me with his scepter
says: why are you not happy if i'm happy?
i tell him:
leave. i don't want to remember your name

deixa o cetro enriba do meu ventre e con el
domino ás bestas que me habitan no inverno.
pero o mar está en calma e as bestas
acougan

o desfile de corpos continua, pero eu
pídolles que saian da sala
sen miralos aos ollos

a sala é unha avenida enorme
tan grande
que non pode pertencer a esta cidade,
a ningunha cidade coñecida

quedo soa, naquela avenida de terra
co peito descuberto. agardo
a que veñan os cabalos
mandas de cabalos sen ferrar
a golpearme no peito

atravésanme de lado a lado
pero como estou soa podo chorar

os cabalos berran o meu nome e o nome
dos meus pais.
ameazan con romper os vidros que me cubren o corpo
pero eles saben que o mar está en calma.
aínda que eu chore

teño o útero roto en mil anacos
que recollo do chan e gardo sen orde.
no espazo do útero meto
unha folla seca

he leaves the scepter on my belly and with it
i dominate the beasts that inhabit me in winter.
but the sea is calm and the beasts
quiet down

the parade of bodies continues, but i
ask them to leave the room
without looking at them in the eyes

the room is an enormous avenue
so big
that it can't belong to this city,
to any well-known city

i am alone, in that dirt road
with my chest exposed. i wait
for the horses to come
herds of unshod horses
to hit my chest

they run over me, they run through me
but since i'm alone i can cry

the horses shout my name and the name
of my parents.
they threaten to shatter the glass that covers my body
but they know the sea is calm.
even if i cry

my womb is shattered into smithereens
that i pick up from the floor and put away in disorder.
in the space of my womb i put
a dry leaf

co meu nome escrito en tinta negra.
cos anacos de útero
tapo as fendas do tellado e dos muros da casa
protéxome da chuva

vou ao porto
coas marcas dos cabalos a sairme
por fóra da roupa. aparto os barcos coas mans
os barcos cargueiros inmensos

e choro de felicidade porque
a pesar do temporal
a pesar do inverno
o mar parece en calma

e só por iso, respiro

with my name written in black ink.
with the pieces of my womb
i fill in the cracks on the roof and walls of the house
i protect myself from the rain

i go to the port
with the marks from the horses evident
even under my clothes. i move
the ships aside with my hands
the immense cargo ships

and i cry with joy because
despite the storm
despite the winter
the sea seems calm

and just for that, i breathe

entón
coido ver os restos dun voo
e teño a certeza
teño a absoluta certeza
do meu corazón enfermo.
　　　　　－Estevo Creus

A soidade é o lugar do monstro
　　　－María do Cebreiro

then
I think I see the remains of a flight
and I am certain
I am absolutely certain
of my sick heart.
 —Estevo Creus

Solitude is the place of the monster
 —María do Cebreiro

lara

lara

espertei cunha lesma
fechándome os labios
húmida   inmensa
morta

i woke up with a slug
shutting my lips
humid   immense
dead

deixaremos a cidade arrasada
cos seus peixes mortos de ollos fóra das órbitas
e as lecturas das súas entrañas
ao escarnio de todo o mundo.
deitaremos os corpos cansos ás aforas da cidade
mentres arde
e sobre as súas cinsas cuspiremos
para quedar cinguidas a ela para sempre.
cos escombros faremos un vestido
co que taparnos do lume.
cos escombros, un pombal de insectos
unha corte para o gando morto
un funeral
por cada habitante da cidade que nós propias
asfixiamos na vertixe do tremor

na vertixe do tremor
abrirá a terra unha fenda e
desde o alto
miraremos como a fenda o devora todo

we'll leave the city devastated
with its dead fish and their eyes out of their sockets
and their guts exposed to be read
and scorned by the whole world.
we'll lay down our tired bodies at the outskirts of the city
while it burns
and we'll spit over its ashes
so we are part of the city forever.
with the debris we'll make a dress
to protect ourselves from the fire.
with the debris, a dovecote of insects
a barn for the dead cattle
a funeral
for each city dweller that we ourselves
strangle in the tremor's frenzy

in the tremor's frenzy
the earth will fissure and
from the top
we'll watch how the fissure devours everything

na curación da casa matriz
cicatrizan as feridas

os meus ollos de peixe

in the healing of the safe haven
the wounds heal

my fish eyes

o sol na casa matriz

nunca
queima

the sun in the safe haven

never
burns

perderei a cabeza o día que non vos teña canda min
é máis:
perderei a cabeza

camiñarei sen rumbo
polos bordos dos pratos esportelados
camiñarei
polo muro pequeno da horta
comido polo verdello

falarei soa
máis do que xa falo
e pode que deixe de me vestir
ou me vista en exceso

perderei os ollos.
o día que vos perda
perderei todo o que me cinguiu
o que fun

porque sei, desde sempre
que hei perder a cabeza
e a dor será unha dor punzante
e continua
na comisura dos ollos
nas costuras do peito

i'll lose my head the day you're no longer with me
also:
i'll lose my head

i'll walk about aimlessly
along the edges of the chipped plates
i'll walk
along the small walls of the vegetable garden
eaten by the moss

i'll talk to myself
more than i already do
and i may stop getting dressed
or get dressed in excess

i'll lose my eyes.
the day i lose you
i'll lose everything that kept me together
everything that was me

because i've always known
that i'll lose my head
and the pain will be a sharp pain
and ongoing
in the corner of my eyes
in the seams of my chest–

—entón, xa si
rebentado

explotarei de negrura cara dentro
e as estelas dos vosos retratos
quedarán cravadas
nos órganos máis descoñecidos
—nos riles, no fígado
nos pulmóns

só sei unha cousa:
perderei a cabeza
o día que non esteades comigo.
serei viúva de viuvez imposible
mais non orfa
porque as orfas xa non visten loito
e eu

eu vestirei loito por vós
e vestirei loito por min.
deixarei que as tellas caian
sobre as caixas do peixe frío
que caian limóns enormes
de todas as árbores

perderei a cabeza.
é máis:
pecharei a casa como unha pantasma
poñerei todo o ouro e durmirei con el
porque aínda terá a vosa calor
e unha vez á semana
chamarei por teléfono a números descoñecidos,
abrirei as cartas

then, when already
bursting

i'll implode with darkness
and the splinters from your portraits
will be nailed on
the most unknown organs—
on my kidneys, on my liver
on my lungs

i only know one thing:
i'll lose my head
the day you're no longer with me.
i'll be a widow of impossible widowhood
but not an orphan
because orphans don't wear mourning dress
and i

i'll wear mourning dress for you
and i'll wear mourning dress for me.
i'll let the tiles fall
over the crates of cold fish
let the enormous lemons fall
from all the trees

i'll lose my head.
also:
i'll haunt the house like a ghost
i'll put on all the gold and sleep with it on
because it'll still hold your warmth
and once a week
i'll call unknown numbers,
i'll open letters

unha a unha
para deixalas sen ler

non diferenciarei as fotografías dos espellos
e o meu camelio murchará
e o cheiro da verdura murchará
e a roupa limpa murchará

comida pola enfermidade que non ten nome
perderei a cabeza ata volverme invisible
e deixarei no abandono
os meus apelidos
o nome co que me construístes
mentres todos os meus libros arden

porque eses libros non souberon prepararme para a dor
nin souberon da demencia
nin me chamaron polo meu nome

a cama sen facer nos sucesivos cuartos
das sucesivas noites
e o pelo agromando desesperado
polos recantos do patio.
non darei de comer aos gatos
nin sequera para enganalos co veleno.
simplemente deixareime
como se deixan as trabes vellas de madeira.
perderei a fala
sustentada sobre vós
e todas as referencias e as estruturas

detrás delas
—das referencias, das estruturas
cairei eu

one by one
to leave them unread

i won't differentiate the photographs from the mirrors
and my camellia will wither
the smell of vegetables will wither
and clean clothes will wither

consumed by the nameless disease
i'll lose my head until i become invisible
and i will leave behind
my last names
the name with which you built me
while all my books burn

because those books didn't prepare me for pain
nor did they know about dementia
nor did they call me by my name

unmade beds in the consecutive rooms
of the consecutive nights
and desperate hair sprouting
in the courtyard's corners.
i won't feed the cats
not even to trick them with poison
i'll simply abandon myself
like old wooden beams are abandoned.
i will lose my words
that were sustained on you
and all the references and structures

after them—
the references, the structures—
i will fall

vella, ida, enferma
co peito aberto en canal
posto a sollar coma os corvos.
non terei cabeza cando non vos teña a vós.
non terei nome nin casa

old, gone, sick
with my chest open onto the channel
grounding like the crows.
i won't have a head when I don't have you.
i won't have a name or a house

no transo dos corpos renuncio
ao transo dos corpos
á carne descoñecida e ao seu valor.
renuncio ao mercado e ao ouro
á miña pel aínda tersa

porque estou viva. é abril
e os días sucédense sen saber
a que estación corresponden

renuncio aos días só
se podo quedar co tempo
co tempo que hai despois dos corpos
despois da noite que nunca precede ao día

renuncio a todo se podo quedar con iso
co tempo da noite que nunca precede ao día

in the intertwining of the bodies i renounce
the intertwining of the bodies
the unknown flesh and its value.
i renounce the market and the gold
my skin, still smooth

because i'm alive. it's april
and one day follows the next not knowing
what season each belongs to

i renounce the days only
if i can keep time—
the time after the bodies
after the night that never precedes the day

i renounce everything if i can keep that
keep the time of the night that never precedes the day

lesmas de veludo esvaran pola boca
arrasan coa humidade da boca
baixan pola cara con toda a súa lentitude
arrastrando tras de si as palabras

son negras e son enormes
e non teñen ollos

non podo falar con este parto de lesmas na boca

velvet slugs slide down my mouth
destroying the mouth's moisture
they move down my face in all their slowness
dragging the words behind them

they are black and they are huge
and have no eyes

i can't speak with this birth of slugs in my mouth

no transo dos corpos
renuncio ao meu útero

pero non
á miña voz

non aos meus ollos

in the intertwining of the bodies
i renounce my womb

but not
my voice

not my eyes

eu soño con queimar a cidade e os habitantes da cidade
que ocupan as casas de detrás do aramado

soño cos seus gritos, coa dor dos seus gritos
soño co lume

soño con tatuar un sorriso de cinsa
na curvatura que debuxa o meu ventre

i dream of burning the city and the inhabitants of the city
that live in the houses behind the wire fence

i dream of their cries, of the pain of their cries
i dream of fire

i dream of tattooing an ash smile
in the curvature of my belly

eu ás veces soño que existe amador
como se amador puidese existir
el, as súas condicións de posibilidade.
amador ten dous nomes
un é amador
outro é guadalupe
e eu soño con chamalo desde o medio dunha eira
unha tarde de sol
polos seus dous nomes, amador guadalupe
e que a miña voz faga tremer a herba

querelo como só se quere
á carne que sae dunha despois de sangrar

pero eu sei que amador non vai ser
porque o proceso de ser parece tan doloroso
como unha tarde de calor
como os picazos no peito despois de traballar mil horas
por un xornal mercenario

a min prodúceme moitísima tristura pensar nel
nos seus ollos inmensos
cheos de noite
coa placenta tatuada no iris.
prodúceme ansiedade pensar nel
no baleiro de pedra
nun eido que non existe. nas ovellas mansas

sometimes i dream that amador exists
as if amador could exist;
him, his conditions of possibility.
amador has two names
one is amador
the other is guadalupe
and i dream of calling him from the middle of a meadow
on a sunny afternoon
by his two names, amador guadalupe
and that my voice makes the grass tremble

i love him like you can only love
the flesh that comes out of you after bleeding

but i know that amador will never be
because the process of being seems so painful
like a sweltering afternoon
like the pangs in the chest after working too many long hours
for a miserable wage

it makes me incredibly sad to think about him
about his immense eyes
full of night
with the placenta tattooed on his iris.
it makes me anxious to think about him
in the stone emptiness
in a meadow that does not exist. in the docile sheep

que dormen ao meu pé
coa súa brancura de memoria

a perda, e todas esas cousas.
quero escribirlle ducias de cartas
que nunca hei escribir
polo medo a ser chamada enferma

entón fago unha coroa de flores
e trenzo o pelo e recólloo por riba dos ollos
pero como non teño mans, non podo amañalo ben
e aleteo sen rumbo enredada nas paredes do cuarto.
bato contra as fiestras, contra as portas desta casa
que non ten portas

os meus ollos absorben luz
pero non identifican as formas

amador, é tristísimo que non existas, choro
é tristísimo
ese peito baleiro. ese útero baleiro.
gardar o teu nome bordado na roupa da casa
coma se estiveses morto
a mortalla, as sabáns, os panos
os manteis e a cubertería con debuxos de flores
a louza rabuñada de tanto lavar
no lavadoiro onde beben as vacas e eu
limpo a parte anterior dos ollos
a boca

pero ti non sabes o que son as vacas
nunca vas mirar unha vaca

that sleep at my feet
with their whiteness made of memory

loss, and all those things.
i want to write him dozens of letters
that i never will
for fear of being called crazy

so i make a flower crown
and braid my hair and gather it above my eyes
but since i have no hands, i can't fix it well
and i flutter aimlessly tangled in the walls of the room.
i crash into the windows, smash into the doors of this house
that has no doors

my eyes absorb light
but they don't identify forms

amador, it's so sad that you don't exist, i cry
it's so sad
that empty chest. that empty womb.
to keep your name embroidered in the linen
as if you were dead
the shroud, the sheets, the rags
the tablecloths and the cutlery with flower designs
the scratched dishes from so much washing
in the sink where the cows drink and i
clean the front part of my eyes
my mouth

but you don't know what cows are
you'll never look at a cow

amador, que nome bonito dispuxen pra ti
que peito, de non ser
esta carraxe. este odio
este amor todo descoñecido.
berro o teu nome polo eido e os veciños
saen á porta da casa e miran
con medo
os pés cheos de feridas.
pero tras dos eidos está o mar
as bateas calmas, as illas.
e despois da herba e do mar estás ti
amador doloroso. útero florido

amador, what a pretty name i gave you
what chest, if not for
this fury. this hatred
this love, so unknown.
i cry out your name across the meadow, and the neighbors
open their front doors and look on
in fear
my feet full of wounds.
but beyond the meadow lies the sea
the calm mussel rafts, the islands.
and beyond the meadow and the sea is you
painful amador. womb in flower

non haberá esperanza nin luz
fóra da casa matriz
—non haberá vida pra min
repito. non haberá vida pra min

a lóxica da traxedia perde sentido
cando respiro o fume da miña pel queimada

son os gritos sen voz os que
preceden o espanto

there will be no hope or light
outside this safe haven—
there will be no life for me
i repeat. there will be no life for me

        the logic of tragedy loses meaning
        when i breathe the smoke from my burnt skin

        it's the voiceless cries that
        precede the horror

plantei dentro do corpo unha figueira
as súas raíces son tan fortes que me atravesan

afío unha machada e golpeo
con toda a forza do mundo
pero esas raíces nunca rompen

só abren co lume

médrame a figueira dentro mentres o alacrán
caza as formigas que me saen dos ollos
cómeas como se fosen moscas

i planted a fig tree inside my body
its roots are so strong they go through me

i sharpen the ax and swing
with all my strength
but those roots never break

they only give in to fire

the fig tree grows inside me while the scorpion
hunts the ants coming out of my eyes
eats them as if they were flies

[estar atravesada por unha figueira como unha crucifixión]

[to be crossed by a fig tree like a crucifixion]

entón sae unha plegaria
enterrada no fondo da raíz

repito:
non sei falar a túa lingua. non sei falar a túa lingua

fóra o sol
tendido ao sol
o espanto

sae a plegaria: non sei falar a túa lingua
por favor, déixame manter o silencio

fóra, tendido
baixo o sol fraco
o alacrán

desterro a raíz
coa ansia coa que bebo
da única fonte da cidade

no fondo hai unha chave enorme
cunha inscrición que non podo ler.
eu choro: non sei falala
non sei falar a túa lingua

repito
cada vez máis baixo

so a prayer comes out
buried at the bottom of the root

i repeat:
i don't speak your language. i can't speak your language

outside the sun
lying under the sun
the horror

the prayer comes out: i can't speak your language
please, let me keep silent

outside, lying
under the weak sun
the scorpion

i yank the roots from the earth
with the same eagerness with which i drink
from the only water source in the city

at the bottom there's an enormous key
with an inscription i can't read.
i cry: i cannot speak it
i can't speak your tongue

i repeat
quieter and quieter

fóra, ao sol
baixo o sol
os insectos danzan
arredor do espanto

outside, in the sun
under the sun
the insects dance
around the horror

o sol na casa matriz
nunca queima

non hai insectos nela

the sun in the safe haven
never burns

there are no insects in it

o alacrán

the scorpion

quero ter moitos ollos antes de que me retraten
e que nese retrato apareza a fe. aparezan a noite e o frío
aparezan os insectos.
e beber dunha copa e dentro da copa
o alacrán
nadando no veleno do alacrán
cinguidos os dous polo vidro

é tan pequeno que o confundo cos pregos dos ollos
coas dobras que fai a pel do lado da boca
e entre os dedos.
no meu retrato quero ter moitos dedos
e o pelo todo branco, un xesto amable
como imaxino a vellez.
todos os mortos que sucederon o meu paso
ao pé do retrato como os anxos dos altares
as almas dos retablos do purgatorio

quero ter moitos ollos e en cada ollo
un alacrán
que sexa sempre o mesmo alacrán
custodiado polos insectos
e que esvaren pola cara as bágoas.
por cada ollo que o retrato sexa chuva

debaixo del colocar un balde
para que non apodreza o chan de madeira

i want to have many eyes before i have my portrait painted,
and i want faith to be in the portrait, the night and cold to be present
and the insects.
and to drink out of a glass and within it
the scorpion
swimming in its venom
both of us bound by the glass

it's so small that i confuse it with the folds of my eyes,
with the wrinkles around my mouth
and between my fingers.
in my portrait i want to have many fingers
and white hair, a kind gesture
the way i imagine old age.
all the dead that followed my step
at the bottom of the portrait, both the altar angels
and the souls of the purgatory altarpieces

i want to have many eyes and in each eye
a scorpion
and it should always be the same scorpion
guarded by insects
and tears should stream down my face.
rain should pour from every eye in the portrait

place a bucket below it
so that the wood floor doesn't rot

para que afoguen os insectos
no canto de caer do cadro e retorcerse no chan
cos seus gritos xordos

quero ter moitos ollos e escoller ben
as cores do meu retrato. o brillo da pel.
o xénero. a exposición do corpo, tan sen roupa
os golpes. todos
marcados en negro, a cor do sangue seco

e polo chan a roupa. os lentes. os libros. o espello
polo chan o veleno. a comida. o sexo
polo chan os nomes dos amantes e das amadas
polo chan eu, na agonía dunha enfermidade silenciosa
que non ten nome, por iso non existe

polo chan os ollos, o alacrán, os insectos, a fame
a copa. o desexo de violentar. de trascender. a rotura

polo chan eu, insecto inmenso, cos ollos fóra das súas órbitas
en éxtase continua, anestesiada pola palabra basta
que se pronuncia en voz alta ata a canseira
e a canseira, pintando as paredes do cuarto
a canseira abrindo a fiestra
a canseira precipitándose ao descoñecido
fiestra abaixo
a canseira matando os seus fillos
vivindo fuxida baixo a marca da mala nai
a canseira en eterno feminino
e os meus ollos, todos e cada un dos meus ollos
a chorar na intermitencia e anegar as trabes da casa.
a carcoma, un amor inventado. transparentes
meus ollos

so the insects drown,
instead of fall from the portrait
and writhe on the floor
with deaf cries

i want to have many eyes and to choose
well the colors of my portrait. the glow of my skin.
my gender. the exposure of my body, so naked
the blows. all of them
marked black, the color of dry blood

and strewn across the floor: the glasses. the books. the mirror
strewn across the floor: the venom. the food. the sex
strewn across the floor: the names of the lovers and the loved ones
strewn across the floor, myself, in the agony of a silent disease
that has no name, so it doesn't exist

strewn across the floor my eyes, the scorpion, the insects, hunger
the glass. the desire to ravish. to transcend. the tear

strewn on the floor: i, immense insect, with eyes out of their orbits
in continuous ecstasy, numbed by the word enough
that is pronounced aloud over and over again, ad nauseam
nausea painting the walls of the room
nausea opening the window
nausea plunging into the unknown
through the window
this nausea killing her children
escaping under the mark of a bad mother
nausea, always branded as feminine
and my eyes, each and every one of my eyes
intermittently crying and flooding the house's beams.
the woodworm, an invented love, gnawing at them.

de alacrán desproporcionado
a supurar veleno

transparent are my eyes
of disproportionate scorpion
that oozes venom

o alacrán deseña unha sombra de discordia
sobre lara e entre as laras que habitan a lara

onde vas con ese nome, sisea o alacrán
desprazándose amodo polo peito

o fume da discordia vai baixando
cada vez máis baixo

as formigas devóranse unhas ás outras

eu deixo de respirar e rompo
moi amodo
as costuras que fechan a tapa do peito

the scorpion draws a shadow of discord
over lara and among the laras that inhabit lara

where are you going with that name, hisses the scorpion
moving slowly across my chest

the smoke of discord goes down
lower and lower

the ants devour each other

i stop breathing and tear
very slowly
the seams that hold the top of my chest together

o alacrán proe dentro e tenlle medo ao mar
—a un mar frío e infinito
mira os barcos marchar

nunca sinte pena

o alacrán pasea polo meu brazo
sabe que nunca marcharemos nun deses barcos

the scorpion itches inside and fears the sea—
a cold and endless sea
it watches the boats leave

and never feels pity

the scorpion strolls along my arm
it knows we'll never sail on one of those boats

lanzada aos brazos do mar
non serei suicida valente
non serei náufraga valente

nin sequera sobrevivirei
se me levan a terra

at the mercy of the sea's arms
i won't be a brave suicide victim
i won't be a brave shipwrecked survivor

i won't even survive
if i'm taken ashore

e bailarei soa
pero bailarei

and i'll dance alone
but i'll dance

claus

claus

exhibimos os adeuses
como un traxe de domingo

we display the farewells
like our sunday best

claus —le un poema de inger christensen en voz alta
a súa fonética é perfecta ainda que non ten nin idea do que está a ler
claus é eu no caso de eu ter nacido con corpo de home
e non con este útero dubitativo. con estas fronteiras

claus —repito
le un poema de inger christensen en voz alta
o poema di así:

"as fronteiras existen, as rúas, o esquecemento

a herba e cogombros e cabras e retama
o entusiasmo existe, as fronteiras existen,

as pólas existen, o vento que as levanta
existe e o debuxo único das pólas"

pero claus —xa o dixen
non sabe o que le

do outro lado da sala está lara
lara son eu, nacida cun útero dubitativo e cun mundo de fronteiras
aínda que parte delas —das dúbidas, das fronteiras
chegaron despois.
lara repite en voz alta cunha fonética espantosa
moi rápido, como se soubese perfectamente o que está a dicir

claus—reads a poem by inger christensen aloud
his pronunciation is perfect even if he has no clue what he's reading
claus is me if i'd been born with a man's body
and not with this doubtful womb. with these borders

claus—i repeat—
reads a poem by inger christensen aloud
the poem goes like this:

"given limits exist, streets, oblivion

and grass and gourds and goats and gorse,
eagerness exists, given limits

branches exist, wind lifting them exists,
and the lone drawing made by the branches[1]"

but claus—as i've already said
doesn't know what he's reading

lara is on the other side of the room
lara is me, born with a doubtful womb and a world of borders
even if a part of them—the doubts, the borders
came later.
with a horrible pronunciation, lara repeats aloud
very fast, as if she knew exactly what she was saying

lara e claus teñen medo de coñecerse e tocarse
téñense medo un á outra porque son iguais
e botan a man adiante suave
sabendo que co mínimo golpe
o espello vai romper en mil anacos

lara leva camisa de cadros e pelo de lado, coma un neno
claus leva camisa de cadros e pelo de lado, coma un neno
a ningún dos dous lle gusta o seu nome
e veñen camiñando pola rúa mollada, sós
porque non saben camiñar doutro modo

que é a retama? pregunta claus
pero lara non o sabe
unha especia, creo

claus —que cando está nervioso fai tremer un ollo
dille a lara que non ten apelidos.
colle os meus, responde ela
total, somos a mesma persoa

claus —co ollo esquerdo en treboada
pregunta onde vai durmir
e lara di: comigo. onde se non?

claus camiña recitando a christensen en danés

"grænserne findes, gaderne, gremslen

og græs og agurkrr og geder og gyvel,
begejstringen findes, grænserne findes;

lara and claus are afraid of getting to know and touch each other
they're afraid of each other because they're the same
and they gently put their hand forward
knowing that with the slightest impact
the mirror will shatter into smithereens

lara wears a plaid shirt and her hair to the side, like a child
claus wears a plaid shirt and his hair to the side, like a child
neither one likes their name
and they walk down the wet streets, alone
because they don't know how to walk any other way

what's retama? asks claus
but lara doesn't know
a spice, I think

claus—whose eye twitches when he's nervous—
tells lara that he has no last names.
take mine, she replies
after all, we're the same person

claus—with his eye in a storm
asks where he'll sleep
and lara says: with me. where else?

claus recites christensen in danish as he walks

"grænserne findes, gaderne, gremslen

og græs og agurkrr og geder og gyvel,
begejstringen findes, grænserne findes;

granene findes, vinden der løfter dem
findes, og grenenes eneste tegning"

cunha fonética perfecta
e unha voz clara de neno pequeno
de ollos azuis inmensos que eu non teño

aparta o pelo coa man, dime
tes frío? e bótame o brazo polo lombo
pero a min non me gusta que me toquen
cando imos pola rúa

chega a casa, saca os calcetíns
mírase no espello pero o que o espello lle devolve son eu
as fronteiras existen. os espellos existen

entón o espello roto en mil anacos. entón
meterse na cama
porque vai frío
unha contra o outro
sen roupa. téndose medo.
e os cristais do espello crávanse no insomnio
mentre se apertan.
e fanlles feridas que nunca sandan

granene findes, vinden der løfter dem
findes, og grenenes eneste tegning"

with perfect pronunciation
and the clear voice of a small child
with immense blue eyes that i don't have

he brushes away his hair with his hand, asks me
are you cold? and throws his arm around my back
but I don't like to be touched
when we go down the street

he gets home, takes off his socks
looks in the mirror but what the mirror shows him is me
borders exist. mirrors exist

so the mirror shatters into smithereens. so
they get into bed
because it's cold
one pressed against the other
naked. afraid of the other.
and the mirror's crystals drive in the insomnia
as they press against them.
and make wounds that never heal

o espanto
enredado no aramio

nos meus ollos de viva

the horror
tangled in the barbed wire fence

in my eyes, those of someone alive

espertei no medio da noite.
a claus corríalle o alacrán polo peito
todos cheos de feridas e as sabáns
bañadas en sangue
en insectos

claus e lara durmían
nese eido inzado de cristais

i woke up in the middle of the night.
the scorpion ran down claus's chest
both full of wounds and the sheets
drenched in blood
in insects

claus and lara were sleeping
in that crystal-infested meadow

o alacrán come as formigas que me saen dos ollos
cázaas, como se fosen moscas

the scorpion eats the ants surging out of my eyes
it catches them, as if they were flies

os insectos existen—quero dicir
son reais
e eu
eu tamén
eu tamén son real
e o espertador, ás sete da mañá.
as vendas vermellas nos pulsos.
existe o teléfono que case non soa
e unha cama enorme
azul.
existen os libros que un día hei queimar
antes de perder a cabeza.
existen todos os cadernos
e a falta de interese por abrilos.
toda eu, esas dores
desangrándome sen motivo aparente
mentres fóra chove,
porque a auga purifica
mesmo se nunca deixa de chover.
existen,
existen
os buracos nas capas dos ollos
as palabras, todas elas
mesmo as que non sei—
que configuran o mapa do ceo.
e existe o ceo, mentres leo libros
que nunca coñecerei de todo

there are insects—i mean
they're real
and i
i too
i too am real
and the alarm clock, at seven in the morning.
the red bandages on my wrists.
there's a phone that hardly rings
and an enormous blue
bed.
there are books that i'll burn one day
before losing my head.
there are endless notebooks
and a lack of interest in opening them.
all of me, endless pain
bleeding for no apparent reason
while it rains outside,
because water is purifying
even if it never stops raining.
there are,
there are
holes in my irises
words, all of them
even those i don't know—
that make the sky's map.
and there's the sky, as i read books
that i'll never fully know

na cama enorme e solitaria
trala fiestra que rompe e cai á rúa.
agardo que rompa e caia á rúa
e estea ela debaixo.
poder apertala por útima vez
pero ter polo menos esa última vez
e despois
a presión, o ritmo acelerado.
despois
os golpes cos puños contra o ar
que son coma un baile
pero outros versos
que non son estes versos
e o meu escaso interese por liberalos
noutras linguas, tan miñas
que non as falo.
os insectos
existen e falan esas linguas
percorren eses corpos en silencio
porque son donos de todo o que tocan
e eu
eu no meu parto constante de larvas
no nacemento do pelo
nas cellas, na fronte, nas pernas
un pelo que medra sen forza
mentres golpeo cos pulsos vendados
e rompo as palabras cos golpes
nese escaso interese por mantelas intactas.
din poesía e eu golpeo
poñen un espello e eu
golpeo
con tanta forza que perdo visión
ás sete da mañá, perdo visión

on my enormous and lonely bed
behind the window that shatters
into pieces onto the street
i wait for the street to shatter into pieces
onto her down below.
to be able to squeeze her one last time
but to have at least that one last time
and then
the pressure, the fast rhythm.
then
the blows with my fists against the wind
like a dance
but other lines
that aren't these lines
and my scant interest in releasing them
into other languages, so mine
that i don't speak them.
there are insects
and they speak those languages
they linger over those bodies in silence
because they own everything they touch
and i
constantly giving birth to maggots
i, present at the birth of hair
on my eyebrows, my forehead, my legs
a hair that grows with no strength
as i strike with my bandaged wrists
and break the words with my blows
in that scant interest in keeping them intact.
they say poetry and i strike
they put a mirror and i
strike
so hard that i lose my vision

pola noite agudizo os oídos
pero perdo visión
nesta esterilidade do cotián
sen enerxia pra facer máis nada
que golpear o vento
e sentir a inutilidade,
a cegueira

os insectos van amodo
como lesmas

existo porque eles son reais
os insectos
os seus nomes.
claus tamén existe
tamén é real
deitado na cama azul
a peito aberto
co corazón pendurado das paredes.
repetido máis de trinta veces
o seu corazón metálico
mexido polo vento.
o teito todo é un espello no que claus se mira.
cando chego, á noite
cólleme a man
para que recoñeza as costuras.
o peito aberto
ensánchase co paso dos dedos
a cama azul é enorme e está fría.
os insectos soben polas paredes
e cobren os corazóns tan amodo
tan amodo
que os sinto respirar

at seven in the morning, i lose my vision
at night i sharpen my ears
but i lose my vision
in this sterility of the everyday
without energy to do anything else
but strike the wind
and feel the futility,
the blindness

the insects crawl
like slugs

i exist because they're real
the insects
their names.
claus also exists
he's also real
lying on the blue bed
his open chest
with his heart hanging from the walls.
repeated more than thirty times
his metallic heart
stirred by the wind.
the whole ceiling is a mirror
claus looks at himself in that mirror.
when i get there, at night
he takes my hand
so that i recognize the seams.
his open chest
widens as i run my fingers over it
the blue bed is enormous and cold.
the insects climb the walls
and linger over our hearts
they linger
and i feel them breathing

o alacrán come as formigas que me saen dos ollos
cázaas, como se fosen moscas

the scorpion eats the ants surging out of my eyes
it catches them, as if they were flies

fóra, a calor
os insectos

outside, the heat
the insects

os adeuses rotos
como un traxe de domingo

the broken farewells
like our sunday best

no fondo do papel está claus
un nome que se artella en follas secas
en pólas pequenas. en
palla.
claus é un niño feble
cun peso desmesurado.
levo cara o fondo do papel as follas, as pólas
a palla. carrexo cadáveres, tal
como fan as formigas que me viven
dentro do cranio

elas fan niño. eu
chamo por claus tatexa, incoherente
carente de sentido fóra das marxes da súa estrutura

paso días alí metida.
ninguén sabe onde estou. que fago

recollo unha agulla do fondo dun charco e con ela
tatúo as letras do seu nome. a lama
métese dentro da pel. prodúceme infeccións.
ás feridas veñen os insectos como ríos
regatos negros a se meter dentro de min
por baixo da pel

estou tan ocupada en construírme que esquezo
que teño un corpo. obvio

claus is at the bottom of the paper
a name articulated in dry leaves
in twigs. in
straw.
claus is a frail nest
of excessive weight.
i take the leaves, twigs, and straw
to the bottom of the paper. i carry corpses
as do the ants that live
inside my skull

they make a nest. i
call for claus, stuttering, incoherent
making no sense outside the margins of this structure

i spend days on end there and
nobody knows where i am. what i do

i pick up a needle from the bottom of a puddle and with it
i tattoo the letters of his name. mud
gets inside my skin. it causes infections.
like rivers, the insects come to my wounds
black streams crawling inside me
under my skin

i'm so busy building myself i forget
i have a body. i dismiss

esta dor intensa nas sens
a falta de fame
a velocidade do corazón. a canseira

hai xa tempo que ningún verso me emociona
ningunha voz.
ás veces altérame o recendo daquel perfume
daquel corpo. pero non é, nada é
como antes do inverno

a estrutura de palla fondea no final do papel
mais a ninguén lle interesa o papel.
meto o niño nunha caixa inmensa e bótoa ao correo
remitida a min propia

durante uns días son libre

debaixo do cranio as formigas fan unha festa
porque claus
respira

this intense pain in the temples
no appetite
the fast rhythm of my heart. exhaustion

no verse has moved me for a long time
no voice.
sometimes i'm flustered by the scent of that perfume
that body. but it's not it, nothing is
as it was before winter

the straw structure anchors at the bottom of the paper
but no one cares about the paper.
i put the nest in a huge box and post it
i send it to myself

i'm free for a few days

under my skull the ants party
because claus
breathes

persígueme o zunido dos insectos
os seus berros

                                                            mais non podo berrar
                                                         con este parto de lesmas na boca

i'm chased by the insects' buzz
their cries

but i can't scream
with this birth of slugs in my mouth

claus camiña noite adiante
sen saber onde vai
traza caracteres cos pés
dunha beleza que desborda.
"teño o útero roto en mil anacos"
escribe, "que recollo do chan e gardo sen orde"

claus non pode durmir
leva o peito picado polo alacrán

lara mírao con ollos de pedra
cunha violencia incontestable
dille
o que escribes fala do desamparo
o que escribes fala de ti e de min
sen os nosos nomes.
fala do desamparo

claus non oe
nin move a man do peito.
picoume o alacrán, di.
vaime matar o veleno do alacrán.
mentres fala
a cor do sangue pinta
as cicatrices dos cristais

claus walks through the night
not knowing where he's going
he traces characters with his feet
such overwhelming beauty.
"my womb is shattered into smithereens,"
he writes, "that i pick up from the floor and put away in disorder"

claus can't sleep
his chest has been stung by the scorpion

lara looks at him with stone eyes
with unquestionable violence
she says
what you write talks about abandonment
what you write talks about you and me
with no mention of our names.
it talks about abandonment

claus doesn't hear her
he doesn't move his hand from his chest.
the scorpion stung me, he says.
the scorpion's venom will kill me.
while he speaks
the color of his blood paints
the scars from the crystals

lara mírao con mans de pedra.
que importa se morres, di. non tes nome.
que importa o desamparo

están sós. lara, claus
o alacrán aniñado no peito.
se eu morro ti tamén has morrer
chora claus.
somos a mesma persoa
en distintos corpos
grita lara

claus escribe nos seus pasos
versos de poetas que non coñece
"son os gritos sen voz os que
preceden o espanto"

claus non sabe ler
nin sabe vestirse
nin sabe abrir os fechos das cancelas.
pola mañá ispe a lara,
limpa o niño do alacrán
coa auga de chuvia dos recantos da casa

ponlle a roupa
coma quen coloca unha mortalla

lara mírao con boca de pedra.
non teño forza abonda pra mover o teu corpo.
se morres deixareite aquí
ata que sexas unha fenda na terra

lara looks at him with stone hands.
who cares if you die, she says. you have no name.
who cares about abandonment

they're alone. lara, claus
the scorpion nestled on his chest.
if i die you'll also die
claus cries.
we're the same person
in different bodies
shouts lara

claus writes in his footsteps
lines from poets he doesn't know
"it's the voiceless cries that
precede the horror"

claus doesn't know how to read
he doesn't know how to get dressed
or how to open the gates' latches.
in the morning he undresses lara,
he cleans the scorpion's nest
with rainwater from the corners of the house

he dresses her
as if placing a shroud

lara looks at him with a stone mouth.
i don't have the strength to move your body.
if you die i'll leave you here
until you're a crack on the ground

claus recita de memoria:
"cando apareza o meu corpo mordido polos lobos
saudade o insomnio que o gardou
saudade a enfermidade que o gardou
saudade os seus ollos aínda abertos e para sempre
deitádeo no chan e que sexa unha fenda na terra"

claus chora polos seus ollos secos
cunha man aberta contra o peito.
lara chora polo seu corpo de pedra
apertada contra o corpo de claus

en silencio
deixan que veña o frío
lara e claus
deixan de respirar e rompen
moi amodo
as costuras que fechan a tapa do peito

claus recites from memory:
"when my body is found, bitten by wolves
bow to the insomnia that saved it
bow to the disease that saved it
bow to my eyes, still open and forever
lay my body on the floor until it becomes a crack on the ground"

claus cries with his dry eyes
with an open hand over his chest.
lara cries with her stone body
pressed against claus's body

in silence
they let the cold come
lara and claus
stop breathing and break
very slowly
the seams that hold the chest together

o espanto

a metástase da alma

the horror

the metastasis of the soul

Se puede quemar el mar
si se le prende fuego
-Lorena Álvarez

y al que le duele su dolor le dolerá sin descanso
y el que teme la muerte la llevará sobre los hombros
 -Federico García Lorca

The sea can burn
if it is set on fire[1]
-Lorena Álvarez

and those in pain will bear it with no respite
and those who are frightened by death will carry it on their shoulders[2]
            -Federico García Lorca

—ao cabo, para acabar cos
insectos
só nos queda o incendio

—after all, to put an end to
insects
all that remains is fire

lara pasea o seu peito aberto
o alacrán
que repite o seu nome coma un mantra.
lara pasea as formigas
que lle saen e lle entran pola cavidade dos ollos.
lara pasea a claus atado dunha corda ao seu pulso
o seu corpo petrificado
os paxaros que acompañan o seu paso
a dicir "non viaxes"
"non ames"

claus —que apenas sabe do mundo
leva inscrita a dor nos cortes do lombo e do peito.
lara co seu peito aberto
e un nome que non é o seu
que non é o de claus
tatuado en cada unha das costuras.
lara que non sabe coser
desangrándose polo útero esterilizado.
lara a aniñar insectos no seu cranio seco

lara lara lara

co seu pelo curto. cos seus pasos firmes
de intención esquiva.
lara que esqueceu o acento natal
e fará arder a casa matriz.

lara walks with her open chest
the scorpion
that repeats her name like a mantra.
lara walks the ants
that go in and out of her eye sockets.
lara walks claus tied to her wrist with a rope
her body petrified
the birds keep her steps company
and they say "don't travel"
"don't love"

claus—who barely knows about the world
carries the pain inscribed in the cuts on his back and chest.
lara with her open chest
and a name that's not hers
nor claus's
tattoed on each of her seams.
lara who doesn't know how to sew
is bleeding from her sterilized womb.
lara nests insects inside her dry skull

lara lara lara

with her short hair. her firm step
of elusive intent.
lara who forgot her native accent
and will set fire to her safe haven.

lara perdendo a noción dos días
perdendo o sentido de pertenza a un corpo.
lara e os paxaros a picar nas cicatrices
pendurada no alto das árbores.
lara que é unha descoñecida
que devora vermes por inercia.
lara e a súa lingua bífida
atentando contra a linguaxe.
lara que perdeu o seu nome
e a capacidade de nomearse
que cubriu os espellos
para non ter que recoñecerse neles

lara que soña con matar a claus mentres dorme

lara
cada vez máis vulnerable ao veleno do alacrán
lara convertida en alacrán
lanzándose ao mar aberto
cos ollos abertos como faros
—o mar en calma absoluta, como un espello.
lara renunciando ao desexo e á febre

lara
levando a claus e o alacrán
cara o incendio

lara losing track of time
losing the sense of belonging to a body.
lara and the birds biting the scars
she's intertwined with the treetops.
lara a stranger
that devours worms by inertia.
lara and her forked tongue
attacking language.
lara who lost her name
and the ability to call her name
lara who covered the mirrors
so she wouldn't have to recognize herself in them

lara who dreams of killing claus in his sleep

lara
more and more vulnerable to the scorpion's venom
lara turned into a scorpion
diving into the open sea
with eyes open like headlights—
the sea absolutely calm, like a mirror.
lara renouncing desire and fever

lara
taking claus and the scorpion
to the fire

notes

1. Translated from the Danish by Susanna Nied. *Live Journal*: May 4th, 2009.

2. García Lorca, Federico. *Poet in New York*. Trans. Greg Simon and Steven F. White. Ed. Christopher Maurer. New York: Farrar, Straus and Giroux, 1998.

acknowledgments

Thank you to the editors of the journals that published some of the translations from this book:

Action Books Blog: "[the scorpion draws a shadow of discord]" and "[claus is at the bottom of the paper]"

Asymptote: "[we'll leave the city devastated]", "[sometimes i dream that amador exists]", and "[i planted a fig tree inside my body]"

Plume: "[the scorpion draws a shadow of discord]"

SRPR (Spoon River Poetry Review): "[i want to have many eyes before I have my portrait painted]," "[there are insects]," and "[so a prayer comes]"

Waxwing: "[the sea is calm even if it's winter]," "[I will lose my head...]," and "[the intertwining of the bodies]"

I want to thank my friend Laura Lesta García for gifting me *claus e o alcrán* and for encouraging me to follow my desire to translate it.

Thank you to Joyelle McSweeney and Robin Myers for their thoughtful and insightful readings of the book and for their words about it.

I am grateful to Steve Halle and co•im•press for publishing this poetry collection, for the beautiful cover and book design, and for all the hard work that goes into publishing a book with so much love and care.

I am thankful and honored that Lara Dopazo Ruibal trusted me with the translation of her book. Moitas grazas, Lara, for the wonderful dialog we've had and for the friendship that has blossomed.

about the author

Lara Dopazo Ruibal was born in Marín (Galicia, Spain). She has a BA in journalism and two MA degrees: one in international cooperation and one in theoretical and practical philosophy. Dopazo Ruibal has published four poetry collections and she is the coeditor and coauthor of the experimental essay volume *A través das marxes: Entrelazando feminismos, ruralidades e comúns*. Her poetry collection *ovella* was awarded the Francisco Añón Prize in 2015, and with *claus e o alacrán* she received the Fiz Vergara Vilariño Prize in 2017. Dopazo Ruibal was a resident artist at the Spanish Royal Academy in Rome for the academic year 2018–2019. She won the Illa Nova Narrative Award with her short story collection *O axolote e outros contos de bestas e auga* (Editorial Galaxia, 2020).

about the translator

Laura Cesarco Eglin is the translator of *Of Death. Minimal Odes* by Hilda Hilst, (co•im•press, 2018), which won the 2019 Best Translated Book Award in Poetry. She is the co-translator from the Portuñol of Fabián Severo's *Night in the North* (Eulalia Books, 2020). Her translations from Spanish, Portuguese, Portuñol, and Galician have appeared in a variety of journals, including *Asymptote, Timber, Exchanges, Modern Poetry in Translation, Eleven Eleven*, the *Massachusetts Review, Cordella Magazine, Gulf Coast: A Journal of Literature and Fine Arts, Waxwing Journal*, and *The Puritan*. Cesarco Eglin is the author of six poetry collections, including *Time/Tempo: The Idea of Breath* (PRESS 254, 2022), *Life, One Not Attached to Conditionals* (Thirty West Publishing House, 2020), *Reborn in Ink* (trans. Catherine Jagoe and Jesse Lee Kercheval; The Word Works, 2019), *Calling Water by Its Name* (trans. Scott Spanbauer; Mouthfeel Press, 2016), and *Occasions to Call Miracles Appropriate* (The Lune, 2015). She is the co-founding editor and publisher of Veliz Books.